A Messieurs

LES DÉPUTÉS

A PROPOS

DE LA COALITION;

PAR UN ÉLECTEUR.

PARIS,

DELAUNAY, LIBRAIRE, PALAIS-ROYAL,

GALERIE-D'ORLÉANS.

1838.

PARIS, IMPRIMERIE DE PAUL DUPONT ET Cie,
rue de Grenelle-Saint-Honoré, n. 55.

AVERTISSEMENT DE L'AUTEUR.

Les journaux organes de la coalition, comme ceux qui la combattent, m'ayant paru jusqu'ici renfermer trop la discussion dans les généralités, j'ai essayé de la ramener ici plus particulièrement sur le terrain des faits, que je crois plus concluans.

S'il est des personnes qui honorent cet écrit de quelque attention, elles se demanderont peut-être quel en est l'auteur! Qu'importe?.... Ce qu'il peut dire, c'est que, loin de reculer devant la responsabilité de son œuvre, il serait prêt à la signer le lendemain même de la chute des ministres, parce qu'il défend des principes et non des hommes, un système et non un ministère.

A Messieurs les Députés

A PROPOS DE LA COALITION

PAR UN ÉLECTEUR.

Considérée sous le rapport de la situation des partis et de leur action dans la Chambre élective, la session dernière a présenté, il faut le dire, un spectacle pénible et peu rassurant pour l'avenir du gouvernement représentatif en France.

On a vu, dans un temps calme et prospère, alors qu'après les luttes si vives et si fatigantes des sessions précédentes, les partis semblaient vouloir se reposer dans la question pressante et trop long-temps négligée des intérêts matériels; on a vu, dis-je, s'élever tout à coup contre le ministère une coalition formée des élémens les plus hétérogènes, telle qu'on n'en trouve d'exemple qu'aux époques les plus critiques de la restauration. Et ce qu'il y a de plus étrange, c'est que les premiers moteurs de cette ligue sont les mêmes hommes dont la politique aussi ferme que prudente avait puissamment concouru jusque là au système de gouvernement poursuivi pendant huit années, et dans lequel le ministère actuel a toujours déclaré vouloir persévérer, sauf les modifications que devait amener naturellement un autre état de choses.

Serait-il donc vrai que cette triste comédie dût encore se renouveler à la session qui se prépare ? A en croire des publications récentes, émanées du parti doctrinaire, et les manifestations presque unanimes de la presse opposante, le fait ne serait que trop certain.

Ce n'est pas à coup sûr qu'on ait à se livrer contre la personne même des ministres à quelques ressentimens particuliers, et encore moins qu'on leur envie pour soi-même les tribulations du pouvoir ; il faudrait n'avoir pas lu les protestations si réitérées et si formelles des organes de la coalition, pour conserver le moindre doute sur ce point.

Il s'agit donc seulement ici, et certes la question est assez grave pour ne pas la compliquer par de misérables intérêts de personnes, il s'agit de rétablir dans toute leur vérité les principes du gouvernement représentatif, trop longtemps compromis, violés, par les envahissemens de la prérogative royale. Or, la Chambre, en renversant le ministère, et mettant ainsi le roi dans la nécessité d'appeler à lui une administration plus en rapport avec l'esprit de la majorité, reprendra ainsi la prépondérance qui lui appartient dans la direction des affaires.

Voilà bien, il me semble, les termes dans lesquels la question est posée. Ainsi, on part de ce fait tenu pour bien constant par la coalition, que le ministère du 15 avril n'a pas réellement la majorité, qu'il n'est pas parlementaire.

C'est donc sur cette question qu'il importe d'abord de

s'entendre ; je reprends en deux mots les faits qui précèdent.

On se rappelle les circonstances dans lesquelles s'est constitué le cabinet du 15 avril. L'accueil fait par la Chambre à des lois malencontreuses avait jeté le ministère du 6 septembre dans la position la plus critique. Vainement parut-il d'abord vouloir faire tête à l'orage, il était frappé de mort du jour où le projet de disjonction fut rejeté; de ce jour il était manifeste qu'il exagérait un système que la situation plus calme des partis permettait au contraire de modifier dans une pensée de conciliation.

C'est alors que, le ministère du 6 septembre étant dissous, suivit une de ces longues crises ministérielles qu'on a déjà vues plusieurs fois se reproduire au grand détriment des affaires publiques, et surtout de la considération qui doit s'attacher au pouvoir. Pendant ce temps, les deux chefs de l'ancien ministère, MM. Molé et Guizot, suivant la mission qu'ils en avaient reçue tour à tour, essayaient, chacun de leur côté, différentes combinaisons dont la confidence, recueillie par les journaux, était accueillie avec plus ou moins de faveur par l'opinion.

Il en était une qui parut devoir l'emporter au dernier moment; M. Guizot avait enfin, disait-on, présenté au roi une liste complète d'hommes qui tous lui étaient unis par une étroite communauté de doctrines et de sympathies. Il fallut voir alors quelle explosion de clameurs retentit dans toute la presse de l'opposition. Si M. Duvergier de Hauranne, qu'on voit aujourd'hui fraterniser si cordialement avec elle, se reportait aux journaux de l'époque, certes, il ne verrait pas, sans un profond serrement de cœur, de quelle manière ses nouveaux alliés traitaient alors ce ministère dit *pur sang*, où figurait son nom.

Mais, presque au même instant, M. Molé, plus heureux,

arrivait avec une autre liste, et le ministère du 15 avril fut constitué.

Composé d'hommes modérés, dont le système ne pouvait être bien connu d'avance, ce ministère ne dut exciter à son apparition ni d'entraînantes sympathies, ni de vives répulsions. Chacun des partis opposés, le jugeant d'ailleurs d'une constitution peu robuste, parut se consoler dans la pensée d'une chute qui ne se ferait pas long-temps attendre.

Toutefois, M. Molé se crut assez fort pour signaler son avènement par deux mesures graves, solennelles, fort critiquées d'abord par le parti doctrinaire, mais dont personne ne contesta plus tard la sagesse et l'opportunité : il donna l'amnistie, il prononça la dissolution de la Chambre.

Donner l'amnistie, c'était se montrer fidèle à la pensée de conciliation qui avait présidé à la formation du nouveau cabinet. Dissoudre la Chambre, c'était soumettre au jugement du pays la politique nouvelle qu'il venait d'inaugurer.

Quelle marche plus loyale et plus conforme aux véritables principes du gouvernement représentatif?

Viennent ensuite les élections; partout on les voit s'accomplir dans un esprit de calme et de modération qui répond à la pensée du ministère. Mais n'importe, on se demande si le ministère aura la majorité. Bien des gens aiment encore à en douter. Que dis-je? des statistiques sont dressées, les nouveaux élus comptés, parqués à droite, à gauche, au centre, divisés, fractionnés de mille façons diverses, et de toutes ces combinaisons il n'en est pas une qui donne au ministère cette majorité dont il s'était flatté; aussi l'opposition annonce-t-elle plus d'une fois par ses journaux qu'il va se retirer, sans même attendre l'ouverture des Chambres. — Mais non, il attend. . . . .

La session ouverte, l'attention fut d'abord vivement excitée par les opérations préliminaires de la Chambre; mais on ne put y trouver, il faut en convenir, un caractère bien marqué d'adhésion à aucun système de gouvernement. On vit en effet, dans la composition du bureau, sortir tour à tour de l'urne des noms appartenant aux diverses fractions de la Chambre; mais on dut peu s'en étonner, pour deux raisons : la première, c'est qu'il eût été contraire à la politique de conciliation adoptée par le ministère d'en exclure aucun; la seconde, c'est qu'un grand nombre de députés nouveaux, encore libres de toute affiliation, ont dû troubler cet esprit de système et d'ensemble avec lequel procèdent ordinairement les partis.

Quoi qu'il en soit, on déclara que décidément le ministère n'avait pas la majorité et qu'il serait renversé par l'adresse.

Vienne donc la discussion; et qu'enfin la question soit résolue.

Il y a dans l'adresse un paragraphe relatif à l'Espagne; et naturellement tous les efforts de ce qu'on appelait alors la coalition *Thiers-Barrot* vont se porter de ce côté. Or, comment résister à l'action combinée de l'opposition et du centre gauche, le centre gauche si serré, si compact, où les places, on se le rappelle, étaient tellement courues qu'on eût dit que toute la Chambre voulait être centre gauche?

Eh bien! qu'arriva-t-il? c'est que M. Thiers, tout admirable qu'il fût d'éloquence et d'habileté sur une question où il s'adressait à nos sympathies nationales, ne put cependant rallier à son drapeau qu'une faible minorité, et que le ministère du 15 avril sortit vainqueur de cette épreuve décisive.

De ce jour, enfin, le ministère crut pouvoir marcher en

toute confiance; mais il est à la Chambre, et dans la presse surtout, des convictions assez rebelles en fait de majorité. Il semblerait toujours que celle du lendemain n'est plus celle de la veille, et, pour peu qu'un mois s'écoule sans qu'une question de cabinet ait été bien posée, il est évident que le ministère ne se traîne que grace au soin qu'il prend de les éviter.

Arrive cependant l'inévitable demande de fonds secrets, et dès lors grande rumeur dans l'opposition; car la question, toujours si grave, vient encore, dit-on, de se compliquer d'importantes révélations, faites dans les bureaux par l'ancien préfet de police. Mais le ministère, qui ne paraît point intimidé, accepte franchement la lutte, et il en sort de nouveau victorieux.

Ici pourtant venait d'éclater la rupture du parti doctrinaire, et pourquoi? Que s'était-il passé depuis le jour où M. Jaubert, au nom de ses amis, avait signé le pacte d'alliance? C'est ce que le spirituel orateur ne put expliquer lui-même, d'une manière bien précise, dans le discours si violent qui fut regardé comme le manifeste du parti. A défaut de motifs plus graves, on supposa donc des impatiences qui se croyaient trahies, des ambitions qui se voyaient déçues.

Jusque là, du moins, tout s'était passé dans les formes parlementaires; ainsi, après quelques sorties un peu vives, chacun rentrait dans son camp; mais cette fois la trêve ne fut pas longue. Dès le lendemain même du vote des fonds secrets, un bruit de coalition se répand, qui d'abord ne trouve que des incrédules. Quoi! des hommes que séparent des systèmes si opposés, et que la tribune, témoin de leurs combats, a vu tant de fois se renvoyer les accusations les plus graves; ces mêmes hommes, dites-vous, se tendraient aujourd'hui la main pour marcher d'un commun accord au renversement du ministère?... Mais cela n'est pas possible: la tribune et la presse n'auraient donc pas tout dit. Nos institutions seraient-elles menacées, ou l'honneur national secrètement trahi?..

Hélas, il fallut bien en croire des actes et des votes patens; cette coalition incroyable, impossible, nous la vîmes depuis ce jour marcher tête levée, à la face du pays. Il est dans la vie des partis, comme dans celle des individus, de ces momens indéfinissables, où, emporté par une sorte de vertige, vous vous jetez, à la grande surprise du public et de vos amis eux-mêmes, dans les voies les plus étranges, ou du moins les plus contraires en apparence à votre nature, à vos penchans; mais ce n'est là, le plus souvent, qu'une crise passagère, dont vos propres réflexions ou de sages conseils ont bientôt fait raison. Ainsi pensai-je, comme beaucoup d'autres, qu'il en serait de cette fièvre de coalition qui s'était emparée tout-à-coup des jeunes têtes du parti doctrinaire. On ne doutait pas qu'au moins pour la session suivante, elles ne fussent remises dans leur état normal. Puisqu'il en est autrement, il faut bien prendre au sérieux cette coalition, peu menaçante, je crois, pour le ministère, mais dont les conséquences seraient au moins très graves pour l'honneur des partis, et comme je l'ai dit en commençant, pour l'avenir même du gouvernement représentatif. Considérée sous ce rapport, c'est-à-dire outre les entraves qu'elle pourra bien apporter, ainsi qu'elle se le propose, à l'action du gouvernement, la coalition nous offre un sujet curieux d'études.

. . . .

Le but avoué de la coalition, avons-nous dit, est d'amener la couronne à donner au pays un ministère plus en rapport avec la majorité de la Chambre, plus fort par conséquent, plus indépendant dans son action, un ministère enfin qui gouverne par lui-même, et maintienne la prérogative royale dans les limites tracées par la constitution.

Il est question déjà depuis long-temps des envahissemens de la prérogative royale, et, quelque peu qu'on en soit frappé pour son compte, on est d'abord tenté de croire sur parole ceux qui vous en parlent avec tant d'assurance. Pour moi, je l'avoue, il m'avait toujours paru, depuis la révolution de juillet, que si le pays était encore destiné à de nouveaux bouleversemens, ce n'était pas de ce côté que viendraient les tempêtes. Si Charles X a pu se croire assez fort pour contenir et dompter au besoin par des coups d'état l'élément démocratique, c'est que dans son esprit il régnait moins par la Charte que par un droit préexistant; c'est que sous l'édifice constitutionnel, élevé par Louis XVIII, il sentait les vieilles fondations de la monarchie des Capet; là étaient principalement sa foi et le secret de sa malheureuse témérité. Mais du jour où le principe de la souveraineté nationale a été substitué à celui du droit divin, où, après avoir refait la Charte octroyée, le peuple, par l'organe de ses représentans, a dit au nouveau roi qu'il proclamait : Régnez à ces conditions, *sinon non;* où le contre-poids d'une pairie héréditaire a disparu, ou enfin l'initiative des lois n'a plus été l'attribut exclusif du chef de l'état; de ce jour, il me semble, on a pu dire que s'il arrivait que l'un des pouvoirs acquît une telle prépondérance qu'il entravât l'action des autres et les absorbât en quelque sorte, ce ne serait pas à coup sûr la royauté. L'ancienne dynastie avait aussi pour elle, il faut le dire, ce prestige attaché à tout ce qui porte l'empreinte de la consécration des siècles, et que n'avaient pu éteindre dans tous les esprits les lumières de la philosophie, ni même la logique sanglante des révolutions; confondue, pour ainsi dire, par certains hommes dans le culte qu'ils rendaient à la Divinité, il n'était pas alors de résolution si hardie ou si insensée pour laquelle elle ne trouvât des séïdes; mais aujourd'hui que la raison et l'expérience peuvent seules suppléer à l'enthousiasme et à l'ardeur des croyances éteintes, où seraient, je le demande, les Polignac de la royauté nouvelle?...

Mais, dira-t-on, qui parle de coups d'état? Il est vrai, je ne crois pas que vous ayez encore prononcé le mot; mais déjà au moins vous rappelez l'exemple de Charles X, et d'ailleurs les voies extra-légales ne seront-elles pas toujours l'*ultima ratio* d'un pouvoir qui ne voudrait pas marcher d'accord avec la représentation nationale? Et ne faut-il pas tout prévoir? Or, je dis que la royauté nouvelle, à qui on ne refuse pas une certaine intelligence de sa position, n'ira pas se jeter, à l'exemple de celle qui l'a précédée, dans une lutte que tout concourrait à rendre encore plus inégale.

Ces premières considérations posées, voyons toutefois si la marche du gouvernement a été, dans ces derniers temps, de nature à éveiller les craintes qu'on affecte et à justifier cette coalition dont on fait tant de bruit.

Bien définir les pouvoirs et leur action, dans le système de gouvernement fondé par la Charte, serait déjà, sans doute, avancer beaucoup la question; mais qui n'a lu sur ce sujet les thèses plus ou moins constitutionnelles et plus ou moins habilement développées dont la presse abonde depuis un mois surtout?

N'espérant pas, je l'avoue, y jeter de nouvelles lumières sous le point de vue du droit, il m'arrivera le plus souvent de ramener le débat de la théorie à l'application et des principes aux faits. Cette marche me paraît, d'ailleurs, plus concluante; il n'est pas rare, en effet, de voir des hommes que la force même des choses a amenés à proclamer les mêmes doctrines, en tirer cependant des inductions contraires; et pourquoi? c'est que, si le bon sens et la raison posent les principes, viennent souvent la passion et l'esprit de parti qui tirent les conséquences.

Ainsi, comment se fait-il que des divisions aussi graves, au moins en apparence, aient éclaté récemment au sujet de la maxime : *le roi règne et ne gouverne pas?*

Qu'est-ce, en effet, que régner sans gouverner, si de toutes les attributions dévolues par la Charte à la couronne, il n'en est pas une dont l'exercice ne suppose un jugement porté par elle de la haute sphère où elle est placée, sur l'état et les besoins du pays? Remarquez même qu'on a fait jurer au roi, en montant sur le trône, de *gouverner* selon les lois et par les lois; d'où résulterait, au moins, la nécessité d'un amendement dans la formule du serment, si le droit de gouverner lui était définitivement interdit. Il semblerait donc impossible que, sur une question aussi simple, de si vifs dissentimens pussent s'élever entre des esprits sérieux, si des intérêts de personnes et de partis ne l'avaient singulièrement compliquée. Ramenons-la donc à ses véritables termes, en nous plaçant sur le terrain des faits, que les uns ne veulent pas aborder et que les autres dénaturent d'une étrange façon.

Une chose m'a plu tout d'abord dans l'écrit de M. Duvergier de Hauranne, parce qu'elle me semblait devoir le rendre moins sévère pour les empiètemens de la prérogative royale, et diminuer d'autant ses droits à la reconnaissance de ceux qui l'ont toujours attaquée avec tant de violence et d'amertume : c'est qu'il se pose franchement une objection que je pensais bien ne pouvoir échapper à son esprit judicieux.

Il se demande, en effet, si le chef d'une dynastie, issue d'une révolution récente et constamment en butte aux haines des partis, n'est pas dans des conditions telles qu'une intervention plus active de sa part dans la direction des affaires que ne l'est ordinairement celle d'un roi constitutionnel ne doive être jugée avec plus de circonspection. « Et si cet homme, ajoute-t-il, est d'une intelligence rare « et d'une capacité supérieure ; s'il a prouvé qu'aussi bien « que personne il comprend les véritables besoins et les « intérêts réels du pays ; si en outre, dans les momens « difficiles, il a montré autant de courage que de sang-« froid, autant de fermeté que de prudence, n'y aurait-il « pas à lui disputer la plus grande part dans le gouverne-« ment un constitutionalisme étroit et un rigorisme ex-« cessif? Pourvu que le pays soit bien gouverné, qu'im-« porte, après tout, qui gouverne? »

S'il est vrai que Louis-Philippe ait été pris en flagrant délit de *gouvernement*, voilà bien, il faut en convenir avec M. Duvergier de Hauranne, quelques circonstances atténuantes. Ainsi, admettant pour un instant qu'il y ait réellement aujourd'hui déviation du régime représentatif tel que la Charte l'a fondé, je dirais aussi : Non, Louis-Philippe n'est pas dans la condition régulière et paisible d'un roi dont la dynastie consolidée par le temps n'ait qu'à se reposer, en quelque sorte, du soin de sa conservation dans la majesté des siècles et la vénération des peuples. Roi d'hier, le sera-t-il demain, à une époque où fermentent si vivement les passions révolutionnaires, « où l'on s'endort « au bruit des royaumes tombés pendant la nuit, qu'on ba-« laie le lendemain devant nos portes (1)? »

Mais j'ai beau chercher, je ne puis voir, je l'avoue, dans quelles circonstances la prérogative royale a entravé ou contrarié jusqu'ici l'action du pouvoir parlementaire.

(1) M. DE CHATEAUBRIAND, *Congrès de Vérone*.

Dans le cours des sessions orageuses qui se sont succédé depuis la révolution de juillet, j'ai bien vu, au sein de la Chambre élective, une lutte engagée entre l'opposition et la majorité, jamais entre celle-ci et la couronne. Qu'on dise, en effet, si, à part les dissentimens qui ont amené la chute du ministère du 6 septembre, il est une seule loi de quelque importance qui, proposée par le roi, n'ait pas été accueillie par la Chambre; et lorsqu'il est arrivé que les ministres n'ayant pas pressenti et devancé le vœu de la majorité, il s'est produit par la voie de l'initiative, a-t-il jamais été repoussé?

Est-ce à dire cependant que le roi faisant, au besoin, abnégation de ses vues personnelles, doive toujours subordonner son système de gouvernement à l'impulsion de la majorité quelle qu'elle soit, et recevoir même en quelque sorte de sa main le ministère qu'elle croira devoir lui imposer? Évidemment la Charte ne l'a pas entendu ainsi, lorsque, non contente de laisser la couronne maîtresse absolue dans le choix de ses ministres, elle lui a donné, en outre, le droit de dissoudre la Chambre élective et de modifier, par des créations de pairs, la composition de la Chambre haute. La Charte, apparemment, a donc supposé que le roi pourrait affectionner davantage un système quelconque de gouvernement, et qu'il était bon de lui donner les moyens, sinon de le faire prévaloir indéfiniment, car la Chambre des députés, comme on l'a dit, doit avoir le dernier mot, au moins d'en continuer pendant quelque temps l'expérience, parce que, en définitive, il pourrait être reconnu pour le meilleur. Or, ce que la Charte reconnaît ici et consacre, comme un droit dans la personne du chef de l'état, la nature même des choses le voulait, le proclamait d'une manière encore plus impérieuse, sans quoi il faudrait supprimer la royauté comme un rouage inutile, et en revenir aux formes purement démocratiques.

Ainsi donc, que le roi, dans l'intérêt de son système de gouvernement, choisisse le ministère qu'il voudra, qu'il dissolve la Chambre des députés et modifie la Chambre des pairs, on pourra sans doute voir, suivant les circonstances, dans ces différens actes, un exercice plus ou moins intelligent de sa prérogative, mais non contester son droit. Or, il me semble que le gouvernement de Louis-Philippe est encore loin de là. « A Paris, en 1830, à Londres, « en 1834, dit M. Duvergier de Hauranne, il plut un jour « à la couronne de placer son opinion personnelle au des- « sus de l'opinion de la Chambre élective et d'investir de « sa confiance un ministère auquel celle-ci refusait la « sienne. A Paris et à Londres, en outre, la couronne, « non satisfaite d'une première épreuve, usa de sa pré- « rogative constitutionnelle, et fit appel au pays. Mais, « après une dissolution dont le résultat fut le même « dans les deux pays, la royauté française récusa le ju- « gement de la Chambre élective nouvellement élue, la « royauté anglaise s'y soumit. Ai-je besoin de rappeler « quelles furent pour chacune d'elles les conséquences « d'une telle détermination? »

Ne dirait-on pas, en vérité, à entendre de tels avertissemens adressés à Louis-Philippe, qu'il ait déjà manifesté quelque penchant à suivre les traditions de Charles X, lorsque, bien loin même de tenter, à l'exemple de George IV, de briser la majorité au profit d'un ministère anti-national, la dissolution n'a été jusqu'ici entre ses mains qu'un moyen d'en rechercher l'expression la plus vraie, la plus actuelle, et de fortifier au contraire, en la retrempant aux sources de la représentation nationale, cette majorité avec laquelle il a marché constamment uni ?

Quoi qu'on fasse, on n'obtiendra jamais qu'un roi, tout constitutionnel qu'il puisse et qu'il doive être, abdique son intelligence et sa raison au point de s'abandonner indifféremment à l'impulsion qui l'entraîne vers tel ou tel système de gouvernement. Je n'en voudrais pour preuve que l'exemple même cité fort à propos par M. Duvergier; ainsi, on a vu, il n'y a pas plus de quatre années, dans la Grande-Bretagne, cette terre classique du gouvernement constitutionnel, dont l'école doctrinaire n'a pas pour habitude de décliner l'autorité; on a vu, dis-je, le roi manifester, par des actes non équivoques, et notamment par la dissolution du parlement, son opposition au système qui pourtant devait prévaloir. Il y eut crise sans doute, mais la résistance sut s'arrêter à temps; elle ne tenta pas de franchir les bornes que lui opposait la constitution. Eh bien! je le répète, en sommes-nous aujourd'hui en France, où la constitution assure à la royauté une part plus active dans la direction des affaires, en sommes-nous même aux préliminaires d'une lutte semblable? Des lois d'apanage et autres auxquelles tenait beaucoup, a-t-on dit, la royauté, avaient été proposées par le ministère du 6 septembre; n'a-t-il pas suffi d'une simple manifestation de la chambre élective, pour amener la dissolution du cabinet et par suite le retrait de ces lois?

Mais, dit-on, si le pouvoir royal ne se sent pas encore assez fort pour entrer en lutte ouverte avec le pouvoir parlementaire, n'est-il pas vrai du moins qu'il y a dès aujourd'hui violation manifeste de certaines conditions les plus essentielles du gouvernement représentatif? Ainsi, que deviennent, par exemple, l'inviolabilité royale et la responsabilité ministérielle avec le système de dépendance et de servilité où le roi tient ses ministres?

Cette accusation, on le sait, n'est pas nouvelle, et, pour

y répondre en détail, il faudrait remonter l'histoire du gouvernement de juillet jusques et y compris le ministère Laffitte. Heureusement il est possible, en se renfermant dans les actes postérieurs au 15 avril, d'abréger singulièrement cette tâche, la coalition ne demandant pas mieux que de faire une chose qui soit agréable aux anciens ministres, aujourd'hui ses principaux chefs, en proclamant l'oubli du passé!

Voyons donc les actes de quelque importance dans lesquels le ministère du 15 avril ne se serait montré que le servile instrument de la prérogative royale.

Le ministère du 6 septembre dissous, on ne sut d'abord à quel programme devrait se rallier celui qui serait appelé à lui succéder; et ce qui le prouve, c'est la diversité même des noms et des listes qui coururent durant la crise ministérielle qui suivit. Qui prouvait, en effet, la loi de disjonction rejetée, que le même sort attendît la loi d'apanage, projet d'un ordre tout-à-fait distinct? Si l'on en croit les bruits, d'ailleurs fort vraisemblables, qui se répandirent à cette époque, le parti doctrinaire ne regardait point cette conséquence comme forcée; il n'eût pas retiré la loi, et, de plus, ajoutait-on, il n'eût pas déserté la défense des lois de déportation et de non révélation? Eût-il réussi? il est plus que permis d'en douter; mais ce n'est pas ici la question. Il s'agit seulement de savoir s'il y eut, vis-à-vis de la prérogative royale, acte de servilité de la part du ministère Molé à faire du retrait de la loi d'apanage une condition de son avènement?

Passons maintenant sur l'amnistie. On sait qu'à cet égard la pensée royale était allée au devant de celle de ses ministres; mais en fut-il de même d'une mesure non moins grave, la dissolution de la Chambre? Sans vouloir pénétrer ici le secret des délibérations du conseil, n'est il pasvrai de dire que le roi était d'abord opposé à ce projet? Certes, la presse de l'opposition ne nous l'a pas laissé ignorer; elle qui chaque jour appelait de tous ses vœux la dissolution de cette Chambre *usée, décrépite*, ne l'espérait nullement, disait-elle, parce que la pensée *immuable* s'était hautement prononcée sur ce point. Or, je demande si la dissolution de la Chambre, que le cabinet homogène annonçait au contraire l'intention de garder, a été de la part du ministère Molé un nouvel acte de servilité pour la prérogative royale.

Si je jette maintenant un coup d'œil sur la session, je ne vois pas non plus par quels projets ou par quels actes se serait trahie cette étroite dépendance dans laquelle la couronne tiendrait, dit-on, les ministres du 15 avril. Mais, chose bizarre! leur conduite à la Chambre leur a le plus souvent attiré un reproche tout opposé. Là, en effet, on les attaque moins encore comme d'obséquieux courtisans de la prérogative que comme de timides esclaves de la majorité, toujours empressés à lui complaire par toutes sortes de déférences et de concessions. Il faut s'entendre cependant : s'il est vrai, comme le prétendent les organes de la coalition, qu'il n'y ait pas harmonie complète entre ce qu'elle appelle le parti du château et la majorité, comment se fait il que le ministère se trouve être à la fois le très humble serviteur de l'un et de l'autre?

Disons-le cependant, car je n'ai ici d'autre mobile que l'intérêt de la vérité et du bien public, ce n'est pas toujours sans raison qu'on a accusé le ministère de manquer de résolution et de vigueur. Ainsi pourquoi, par exemple, n'a-t-il pas abordé plus nettement la proposition de conversion des rentes? Il savait, il est vrai, que ses adversaires de toutes couleurs et de toutes nuances l'attendaient sur cette question à laquelle s'attache une si grave responsabilité;

véritable rocher de Sisyphe que chaque prétendant au ministère se réjouira toujours de voir pousser sur les épaules de son voisin; mais il devait, son parti une fois pris, y persister d'une manière d'autant plus ferme. Qui sait même s'il n'eût pas alors emporté le vote d'ajournement qu'il désirait? Ce qu'il y a de certain, c'est qu'à l'approche du scrutin, bien des convictions étaient vivement ébranlées, les unes par de sérieux scrupules sur la légalité ou l'opportunité de la mesure, les autres par la multitude de projets si divers dont chacun avait son parti; le plus grand nombre enfin, par la perspective d'un immense ébranlement et de dangers trop réels sans compensation suffisante. Mais qu'arriva-t-il ? C'est que le ministère, en paraissant abandonner l'exception d'inopportunité dans laquelle il s'était retranché au début de la discussion, fit, en quelque sorte, défaut aux adversaires du projet; et cependant, on se le rappelle, le scrutin révéla une majorité bien moins considérable que celle qu'avaient d'abord fait pressentir les dispositions de la Chambre.

La question des chemins de fer a été aussi un thème largement exploité par la coalition, mais elle ne s'est pas aperçue des contradictions qu'impliquaient, à ce sujet, ses reproches et ses railleries. Était-ce donc encore par un effet de la prédominance et de l'aveugle obstination de la prérogative royale, objet de tant de déclamations, que le ministère, frappé avant tout de la question d'intérêt public, déférait de si bonne grace au vœu manifeste de la Chambre. Et encore trouve-t-on aujourd'hui si ridicules, en présence de la position actuelle des compagnies, les prétentions du ministère qui, en définitive, se bornait à demander pour l'État une ou deux lignes? N'est-il pas jusqu'à M. Martin (du Nord), opposé, disait-on, à toute transaction, qu'un tel résultat ne réhabilite un peu ?

Parlerai-je maintenant de la loi des états-majors ? Il est certain que des dissentimens, en apparence assez graves, se sont manifestés au sujet de cette loi entre le gouvernement et la Chambre élective; mais, pour les apprécier à leur juste valeur, n'y aurait-il pas à retrancher du vote quelques boules noires qui furent dues à la rencontre accidentelle d'opinions si diverses à beaucoup d'égards, mais seulement d'accord sur ce point, qu'il fallait avant tout renverser le ministère ? Et de là, il faut le dire, une malheureuse confusion d'intérêts et de doctrines, de personnes et de choses, qui ne permet plus de rechercher avec assurance, au fond de l'urne du scrutin, la véritable expression de la pensée de la Chambre. Mais j'aurai à parler tout à l'heure de la moralité de la coalition, considérée en elle-même et dans ses effets.

Ce que j'ai voulu d'abord établir par cet exposé, que je crois assez fidèle, des faits et de la situation actuelle, c'est que, jusqu'ici, les principes du gouvernement représentatif n'ont été nullement faussés par la marche du ministère. Il n'est pas, dites-vous, parlementaire ?— Mais n'a-t-il pas quelque raison d'en juger autrement, si, en dépit de l'opposition vraiment inouïe de ceux-là-mêmes dont il ne fait que continuer le système, il a cependant eu jusqu'ici la majorité ?—Esclave de la prérogative royale, il délibère sous les yeux du maître, ne parle et n'agit que sous son impulsion ?— Mais que vous importe la forme des délibérations du roi et de ses ministres ? N'est-ce pas là une affaire de convenances personnelles à régler entre eux, comme ils l'entendent ? N'est-ce pas, si je puis m'exprimer ainsi, l'arbre et l'écorce où il ne faut pas mettre le doigt ? Cette impulsion, que vous jugez si prédominante, se traduit apparemment, quelle qu'elle soit, en certains actes de politique étrangère ou intérieure, qui ne sauraient échapper au contrôle des Chambres ; et alors celles-ci ne peuvent-elles la redresser dans ses écarts par des votes significatifs devant lesquels tomberont aussitôt les ministres, trop dociles instrumens de ses velléités inconstitutionnelles ?

Cela posé, je vais maintenant considérer la coalition sous trois points de vue principaux : son but, ses moyens, et ses effets.

Le but de la coalition, nous le connaissons, c'est le renversement du ministère ; mais quel est le parti dont cet événement doit assurer le triomphe ? C'est ce que ne peut dire encore la coalition, et il semblerait même à entendre ses protestations de désintéressement qu'elle s'en inquiète assez peu. En descendant toutefois dans la pensée intime des amis de M. Guizot, on y lirait, je crois, sans peine, qu'il ne pourrait être encore question cette fois de M. Odilon-Barrot, et que M. Thiers est impossible, au moins pour quelque temps. D'un autre côté, les amis de MM. Thiers et Odilon-Barrot ne craignent pas sans doute le ministère homogène dont M. Duvergier de Hauranne déclare lui-même ne plus poursuivre la chimère. Et cependant, le cabinet du 15 avril renversé, il en faut un nouveau et avec lui un autre système auquel puisse se rallier une majorité.

Dans le cours de la session de 1837, un orateur, non moins judicieux que spirituel quand il s'abandonne sans arrière-pensée aux inspirations de sa conscience, raisonnant dans l'hypothèse où un ministère succomberait, « *non sous les efforts simultanés d'une minorité devenue majorité, mais sous les coups épars de huit ou dix petites fractions venues de divers côtés, agissant chacune pour son compte*, et *prêtes, le lendemain de la victoire, à s'en disputer entre elles les profits*; » cet orateur, disons-nous, faisait remarquer que, dans un tel état de choses, le gouvernement représentatif *serait faussé dans son principe, paralysé dans son action;* que le pouvoir, *qui ne peut se passer d'unité et de suite, cesserait de résider au sein de la chambre élective, ou y résiderait moins;* et qu'enfin, *né d'une coalition momentanée d'opinions contradictoires,* le ministère nouveau *resterait nécessairement privé d'autorité, de force et de vie.*

Mais ce n'est pas tout : heureux de pouvoir rappeler ici des paroles qui sembleraient faites pour la circonstance, et qui peignent assurément beaucoup mieux que je ne pourrais le faire, les inconvéniens des coalitions en général, ainsi que des ministères qu'elles enfantent, je poursuis la citation :

« Ainsi, messieurs, sans une certaine homogénéité, point « de majorité réelle; sans une majorité réelle, point de « gouvernement digne de ce nom. N'en faut-il pas con« clure que tout changement de cabinet est un événement « grave, et que, dans un intérêt fort supérieur aux petits in« térêts de coterie ou de parti, il n'est permis ni aux majo« rités de se laisser dissoudre par de légères dissidences, « ni aux ministres de se laisser troubler par quelques sur« prises, décourager par quelques dégoûts ?

« Il est donc bien établi et bien reconnu qu'avec des « coalitions de minorités, on ne fonde rien de solide, rien « de stable, rien de sérieux. Il est donc bien établi et bien « reconnu que la lutte doit s'engager ici entre les opinions, « non entre les ambitions, et que tout changement dans « les hommes, qui n'entraîne pas un changement dans les « choses, ne fait que rapetisser la Chambre, énerver le pou« voir, porter partout l'incertitude et la confusion. Il est « donc bien établi et bien reconnu qu'au moment de rompre « une association politique que le temps a consolidée, il

« faut songer au lendemain, et s'assurer qu'une association « meilleure est toute formée et toute prête. »

Eh bien! l'orateur qui parlait ainsi c'était, qui le croirait? c'était M. Duvergier de Hauranne, qui, dans le temps, il est vrai, où ses amis étaient au pouvoir, condamnait d'avance en ces termes la coalition dont on le voit aujourd'hui l'ardent promoteur.

Encore, s'il nous disait qu'il voit maintenant ce qu'il ne voyait pas sous le ministère du 6 septembre, c'est-à-dire *une association meilleure toute formée et toute prête* à substituer au ministère qu'il veut renverser; mais où est-elle? Sans doute, à voir cette réunion si nombreuse d'hommes éminens dans tous les genres que renferment nos deux Chambres, la composition d'un cabinet semblerait toujours chose facile; mais, si l'on trouve aisément des hommes capables, on a vu, par la dernière crise ministérielle, qu'il n'en était pas de même, lorsqu'il s'agit de les réunir dans une même pensée, un même système, autour du tapis vert où se pèsent les destinées de la France.

La difficulté serait même ici d'autant plus grande, après le succès de la coalition, que les partis dont elle se compose seraient plus nombreux et plus divers. Essaierait-on de leur donner à chacun une part dans la victoire, en résumant la coalition dans le personnel du cabinet? Mais voici quelques paroles que prononçait M. Guizot dans la session de 1831, et qui trouvent naturellement ici leur application: « Les ministères de coalition, disait-il, ne « sont pas des ministères de gouvernement. Il faut avant « tout, dans un conseil qui veut agir, de l'homogénéité; « c'est à ce prix seulement que le gouvernement peut s'affermir et durer. » Nous avons vu que tel était aussi, du moins il y a peu de temps, le sentiment de M. Duvergier de Hauranne; et comme il déclare aujourd'hui ne pouvoir plus espérer un ministère homogène, on se demande, non sans raison, quel intérêt si vif a pu le pousser dans la coalition.

Quant à l'opposition, loin de mieux nous éclairer sur l'avenir et les conséquences possibles de la coalition, une de ses feuilles les plus graves va jusqu'à trouver fort déplacées pour le moment les questions dont on l'importune depuis quelque temps à ce sujet. Ce journal (1) relève même les questionneurs d'un ton assez peu rassurant : « Si « l'on nous eût demandé, dit-il, au 28 juillet, quand les « citoyens soulevés étaient aux prises avec les soldats du « pouvoir absolu, quel était notre programme et ce que « nous entendions faire du succès, aurions-nous pris la « peine de répondre? *Aujourd'hui comme aux journées « de juillet, c'est à une* RÉVOLUTION *que nous marchons.* » On ajoute, il vrai, qu'on veut accomplir cette révolution par les voies parlementaires ; mais, lorsqu'on entre en campagne avec de telles dispositions, sait-on bien où l'on s'arrêtera ?

Or, je le demande, est-ce une coalition morale dans son but que celle qui ne sait pas, qui ne veut pas savoir en quelque sorte ce qu'elle fera de sa victoire. On conçoit encore cet aveu naïf de la part de l'opposition, qui a toujours été d'humeur un peu aventureuse, elle qui s'écrierait aussi volontiers :

Va donc pour le chaos, et qu'il en sorte un monde !

Mais n'est-il pas étonnant de trouver en telle compagnie des hommes se disant du parti conservateur ?

Voyons maintenant si la coalition, considérée sous le

(1) *Le Courrier français*, numéro du 4 décembre.

rapport des moyens qu'elle met en œuvre pour atteindre son but, est plus morale, notamment à l'endroit du parti doctrinaire.

On ne peut contester, on le sent bien, que ce ne soit toujours une étrange anomalie que ce pêle-mêle d'opinions diverses, ordinairement si exclusives et si intolérantes, marchant de front à un but commun, le renversement d'un ministère; mais on rappelle que l'histoire des coalitions n'est pas nouvelle en France, et on nous cite à ce sujet celle de 1827, devant laquelle tomba le ministère *déplorable*. Vous voyez, en effet, l'analogie des circonstances, elle est frappante.

Je me permettrai toutefois une légère distinction quant à la nature et à la moralité de la coalition actuelle comparée à celle de 1827. Le ministère de Villèle, comme on sait, était parvenu, grace à la loi du double vote et à des actes inouïs de fraude et de violence, à constituer dans la Chambre une majorité, expression du parti contre-révolutionnaire et objet des antipathies profondes du pays. Or, qu'arriva-t-il? c'est que cette Chambre enfin dissoute, toutes les opinions indépendantes se rapprochèrent, se firent, dans l'intérêt du pays, des concessions réciproques quant au choix de leurs candidats, et assurèrent ainsi le triomphe d'une majorité nationale. Du reste, les élections terminées, la coalition n'alla pas au delà, le ministère s'étant fait justice avant la réunion des Chambres. Ce fut donc une coalition d'électeurs et non de députés; il n'en coûta rien à la conscience de ceux-ci, qui prirent à la Chambre, en présence du nouveau ministère, une position en rapport avec l'opinion dont ils étaient les représentans. Veut-on maintenant une coalition dans la Chambre? Il faut alors qu'à l'exemple de celles de 1821 et de 1829 elle éclate tout à coup par une sorte de commotion électrique;

après quoi chaque parti rentre dans l'indépendance de ses doctrines et dans la liberté de son action.

Mais qu'avons-nous vu à la session dernière ? des coalisés qui, au lieu de venir à la tribune poser nettement une question, n'ont fait que s'agiter pendant plus de trois mois dans les couloirs et dans les bureaux de la Chambre, préparant sourdement au ministère de petits échecs dont ils se frottaient ensuite les mains derrière leurs bancs. Est-ce là, je le demande, une coalition noble et digne? Comment des hommes politiques de quelque valeur et d'antécédens si honorables peuvent-ils, pour de si pauvres résultats, se résigner aussi long-temps à cette abnégation de leurs propres tendances et de leur individualité?

On a bien dit, il est vrai, et nous voyons encore aujourd'hui se renouveler les mêmes protestations, qu'aucun des partis dont se compose la coalition n'aurait à faire à un autre le sacrifice de ses croyances et de ses doctrines, que tous enfin pourraient marcher parallèlement au même but, chacun sous sa bannière et sans confondre leurs rangs. Il y aurait sans doute dans cette résolution un respect de soi-même auquel on ne pourrait qu'applaudir ; mais veuillez, s'il vous plaît, la pratiquer à la lettre, et dans moins de huit jours, c'en sera fait de votre coalition.

Pour peu, en effet, qu'un homme soit initié à la manière dont les affaires se traitent à la Chambre, il n'aura pas la naïveté de croire, que, dans ce conflit perpétuel de doctrines et de personnes, chacun des partis coalisés pourra se mouvoir librement sans provoquer aussitôt les récriminations et amener la rupture de l'alliance. Distinguons cependant. Il est à croire que l'opposition proprement dite ayant pour elle la force du nombre, et maîtresse, par conséquent, d'étendre ou de resserrer, suivant l'occasion, les termes du traité, cèdera peu de son terrain. Quant aux doctrinaires, ils s'abuseraient étrangement s'ils s'attendaient de sa part à une grande tolérance. Loin de là, elle les traitera long-temps encore en convertis de fraîche date, et leur demandera d'autant plus de gages qu'ils auront moins sa confiance. Sauront-ils résister? On voudrait le croire; malheureusement le passé n'est pas à cet égard un sûr garant de l'avenir.

Je ne reviendrai pas sur la session; mais je demande si dans les faits qui se sont passés depuis on pourrait citer un seul des griefs de l'opposition contre le ministère, qui n'ait soulevé au même degré l'indignation de la presse doctrinaire? Je n'en veux qu'un exemple, d'autant plus opportun qu'il se rattache en même temps à la politique intérieure et étrangère du cabinet. Je veux parler du procès Laity et de la demande d'expulsion du prince Louis Bonaparte. On sait qu'il y a eu, en ce qui touche ces deux points, harmonie parfaite entre les jugemens qu'en ont portés la presse de l'opposition de gauche et la presse doctrinaire; et on peut voir encore dans la brochure de M. Duvergier de Hauranne qu'il y persiste au nom de son parti, même depuis l'heureuse issue de la question étrangère. Je suppose cependant, et M. Duvergier veut bien me le permettre, que le ministère ayant été renversé à la dernière session, M. Guizot fût devenu président du conseil, et qu'ayant adopté la même politique, il vienne aujourd'hui l'expliquer à la tribune à peu près en ces termes, sauf cette hauteur de pensée et de style dont je ne chercherai point à approcher. « Un grand scandale judiciaire avait été donné, « et toute la France s'en était vivement émue : on avait pu « craindre, en effet, que la discipline militaire, si essentielle « au maintien de l'ordre, n'en fût sérieusement ébranlée. « C'était, dans tous les cas, un déni de justice contre lequel « le gouvernement crut au moins devoir protester, et déjà

« un projet de loi avait été proposé dans ce but; mais, ce pro-« jet rejeté, il semblait qu'il n'y avait plus de remède pos-« sible à ce précédent si fâcheux. Eh bien ! qu'avons-nous « fait ? Dès que le héros de la triste échauffourée de Stras-« bourg, peu reconnaissant d'un acte inouï de clémence, « venait poursuivre encore à nos portes des tentatives ri-« dicules sans doute, mais qui pouvaient entraîner de nou-« veau quelques esprits faibles ou ambitieux, une haute ju-« ridiction a été cette fois saisie, et nous avons ainsi, en « opposant l'arrêt de la cour des Pairs au verdict du jury « de Strasbourg, donné un salutaire avertissement aux fau-« teurs de troubles, s'il pouvait encore s'en rencontrer dans « l'armée. Enfin nous avons pensé, en éloignant de la « France un foyer de misérables intrigues, remplir un « devoir que nous prescrivaient l'intérêt bien entendu de « sa dignité et le respect même qu'elle doit à la mémoire « de Napoléon. »

Je me trompe fort, ou M. Duvergier de Hauranne reconnaîtrait à de telles paroles, sortant de la bouche de M. Guizot, qu'il n'a pas été fait en cette circonstance une si *fausse application* des lois de septembre. Sans doute, à l'époque où elles furent discutées, cette disposition dut soulever les objections les plus graves, et j'avoue, pour ce qui me concerne, qu'elle m'a paru contraire à la Charte. Mais la disposition une fois admise et ayant force de loi, il ne pouvait, à coup sûr, en être fait une application plus saine et plus judicieuse.

Autre exemple de l'inconséquence du parti doctrinaire : depuis quelque temps, il crie beaucoup à la corruption; et assurément on ne peut qu'approuver tout ce qui tend à moraliser le gouvernement ; mais, naturellement, on se demande pourquoi il n'a pas élevé les mêmes plaintes sous les précédens ministères ? Celui-ci a-t-il donc fait autre chose que suivre leurs traditions? La réponse à cette question se trouve dans la brochure même de M. Duvergier de Hauranne : « Est-ce à dire, ajoute-t-il après avoir donné « cours à son indignation, que les ministres du 15 avril « aient plus que leurs prédécesseurs le goût du désordre et « de la corruption ? Sincèrement, je ne le crois pas. »

Ainsi un parti, qu'on disait plus entier qu'aucun autre dans sa foi politique, déserte ses doctrines qu'un ministère a eu le tort de mettre en pratique, le signale ensuite comme un agent de corruption lorsqu'il fait autrement que ses prédécesseurs ; et l'on vient ensuite nous dire sérieusement que la coalition n'empêche aucun de ses alliés d'obéir à ses tendances et à ses convictions ! « Agir comme on pense, » dit M. de Rémusat ; cette devise observée loyalement ne serait-elle pas l'arrêt de mort de la coalition ?

Immorale dans son but et dans ses moyens, comme je crois l'avoir démontré, la coalition ne le sera pas moins dans ses conséquences : soit, en effet, qu'elle triomphe dans le vote de l'adresse, soit, comme il est plus probable, qu'elle se prolonge au-delà, elle jettera, on n'en peut douter, un grand désordre dans l'action du gouvernement. Le ministère renversé, nous avons vu qu'il serait difficile de le reconstituer, d'un côté, en l'absence d'un autre système auquel puisse se rallier une majorité, et de l'autre, en présence de tant de fractions diverses qui auraient concouru à sa chute. Si, au contraire, il parvient à triompher des efforts de la coalition, n'est-il pas à craindre que sa marche ne soit entravée à chaque instant, comme dans la dernière session, par cette opposition *quand même*, qui, soit à la tribune, soit dans les bureaux ou dans les commissions, ne dédaignait pas même les projets de loi les plus innocens.

Loin de moi cependant la pensée que des hommes tels

que MM. Duvergier de Hauranne et de Rémusat puissent voter avec l'opposition sur quelques-unes des grandes questions qui seront nécessairement agitées! Ainsi je crois qu'on ne les comptera pas encore cette fois parmi les promoteurs de l'intervention en Espagne, du retrait des lois de septembre et de la réforme électorale; mais, comme l'a dit il y a quelque temps M. Jaubert, au sujet de la presse, le silence a aussi son prix, et il arrivera bien quelquefois qu'on fera, aux intérêts de l'alliance, le sacrifice de beaux discours qu'on eût prononcés dans d'autres temps. D'ailleurs, le parti doctrinaire est-il bien conséquent lorsqu'il repousse, par exemple, la réforme électorale? A prendre son point de vue d'un peu haut, il n'y a pas, en effet, d'autre moyen de sortir de la crise actuelle, si tant est qu'il y ait en réalité d'autre crise qu'une agitation factice excitée et entretenue à la surface d'une société calme, par d'impatientes ambitions et une presse qui ne vit que des émotions d'une ardente polémique.

Les élections ont-elles été libres? peut-on dire aux doctrinaires, car tout est là! Or, vous n'accusez pas jusqu'ici le ministère d'avoir abusé de l'influence qu'il pouvait exercer sur les élections de 1837, puisque vous lui reprochez au contraire, de ne pas leur avoir donné de direction vers un système quelconque, enfin de les avoir laissées s'accomplir, suivant l'expression de M. Molé, *en dehors de tous les partis*. Or, les élections libres, il faut bien se conformer au système de gouvernement qu'appuie la majorité; c'est, vous le savez mieux que personne, la première loi du gouvernement représentatif. Direz-vous que la majorité est faible ou corrompue? Mais c'est alors la réforme qu'il vous faut. Aussi écoutez les paroles que vous adresse un des organes de vos plus puissans alliés. « Connaissez-vous « un autre moyen que la réforme électorale de replacer le

« pouvoir où il doit être, c'est-à-dire dans la Chambre des « députés et de le rendre assez fort pour que toute pré« tention inconstitutionnelle s'abaisse devant lui ? (1) » Ce langage de l'opposition est conséquent ; elle sait bien, elle, reconnaître aux actes de la Chambre une autorité que vous leur contestez, et elle ne doute pas qu'avec les mêmes électeurs on n'ait toujours à peu près la même Chambre.

Le parti doctrinaire ne peut, il me semble, tenir longtemps dans une aussi fausse position. Objet de défiance pour ses alliés, ne sera-t-il pas aussi travaillé par des divisions intestines ? A l'entendre, il aurait déjà droit de compter sur un illustre patronage; mais on aime à en douter encore. Je dirai ici toute ma pensée. M. Guizot a conquis, dans l'estime de tous les partis, un rang qu'il doit moins encore, en quelque sorte, aux qualités de l'homme d'état et de l'orateur qu'il possède à un degré si éminent, qu'à son caractère et à sa réputation de probité politique. On aimait à le voir jusqu'ici conservant dans la retraite cette dignité calme avec laquelle il avait exercé le pouvoir, et n'opposant jamais à ses adversaires d'autres armes que celles que pouvait avouer sa haute raison, d'autres influences que celles que lui donne l'autorité de ses doctrines et de ses discours. Voudrait-il aujourd'hui descendre d'une si belle position ? Lorsqu'il se plaint si éloquemment à la tribune et dans ses écrits, que toute foi soit morte dans les cœurs et toutes croyances dans les esprits, veut-il aussi qu'on ne croie plus même à M. Guizot ? Le temps n'est plus, il le sait bien, où un ministère quelconque pouvait exciter ces fortes sympathies qui ont créé les belles et puissantes majorités du 13 mars et du 11 octobre ; et il se-

(1) *Le Siècle* du 7 décembre.

rait peu généreux de ne pas tenir compte au pouvoir de cet état de tiédeur et de relâchement général qui a succédé dans les esprits aux émotions du péril, et à des luttes si vives et si prolongées. Assurément il n'est personne qui, dans ces dernières années, ait lutté contre les factions avec plus de constance et de fermeté que M. Guizot; mais le courage civil veut aussi que, pour le bien public, on sache vaincre, s'il le faut, ses affections les plus chères. Le pays attend M. Guizot à cette dernière épreuve.

Encore un mot, et je l'adresse à M. Duvergier de Hauranne : « Je serais désolé, dites-vous, en parlant du gou-
« vernement actuel, décrire une ligne ou de dire un mot
« qui pût servir les desseins de ses ennnemis avoués ou
« secrets. » Qui pourrait en douter? vos antécédens vous dispensaient même de cette déclaration. Mais si vous jetez les yeux autour de vous, êtes-vous bien sûr que les dispositions de tous vos alliés répondent à la pureté de vos intentions? et ne reconnaissez-vous pas avec quelque effroi, sous le drapeau que vous avez levé contre la prérogative royale, quelques uns de ceux qui marchaient contre la royauté dans ces temps de crise où vous la défendiez avec tant de courage, vous et vos anciens amis? Voulez-vous donc aujourd'hui, pour le plaisir d'écraser ceux que vous avez faits vos adversaires, ébranler de vos propres mains l'édifice que vous avez fondé avec eux, sauf à périr aussi, enseveli sous les mêmes ruines?

www.ingramcontent.com/pod-product-compliance
Ingram Content Group UK Ltd.
Pitfield, Milton Keynes, MK11 3LW, UK
UKHW020500230726
13925UKWH00005B/2058

9 782014 058284